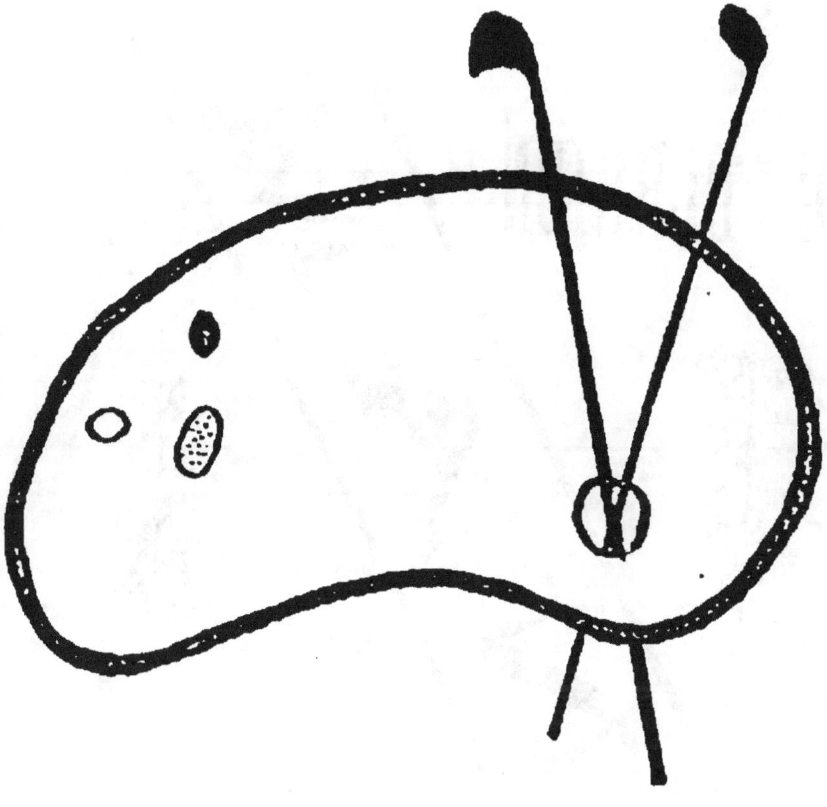

DEBUT D'UNE SERIE DE DOCUMENTS
EN COULEUR

RÉPONSE

DE

M. G. DERRIEN

A UN

DÉPUTÉ

INCOHÉRENT

PANAMA

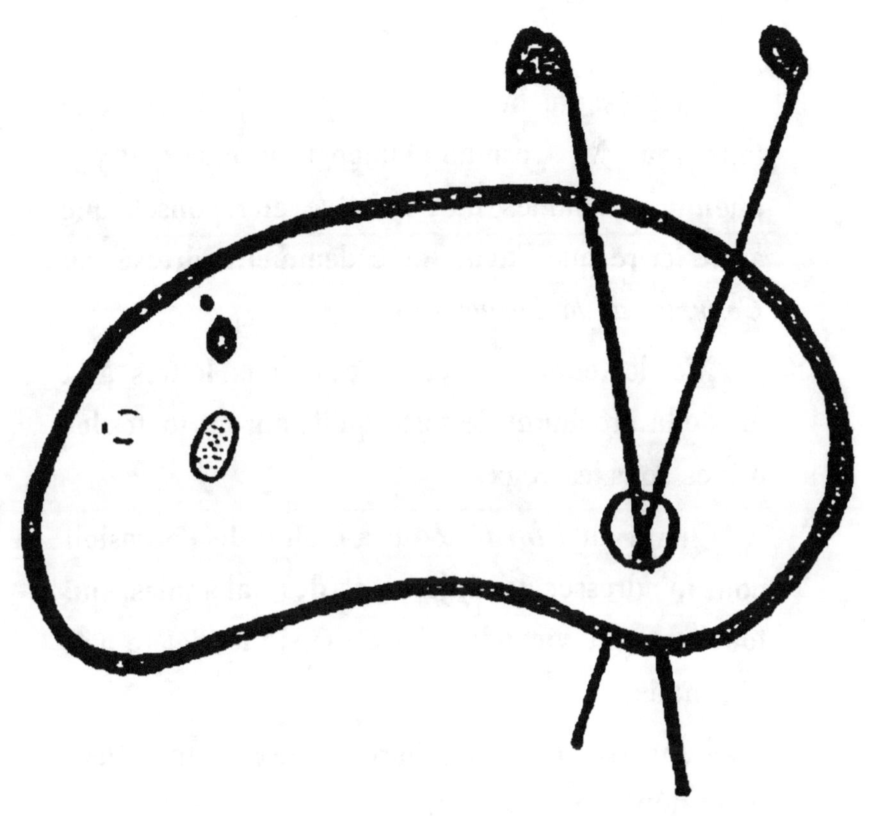

FIN D'UNE SERIE DE DOCUMENTS
EN COULEUR

AVIS AU LECTEUR

La présente brochure est provoquée par une lettre que M. Cosmao-Duménez adressait, il y a quelques semaines, au *Finistère*, en réponse à une autre lettre que j'avais précédemment adressée au *Courrier de la Cornouaille*.

Mes lecteurs trouveront ces deux lettres à la fin de la brochure, de sorte qu'ils auront toutes les pièces sous les yeux.

Quant au *Finistère* qui a profité de l'occasion pour m'adresser des injures et des calomnies, qui touchent ma vie administrative, je le défère aux tribunaux.

J'enverrai cette brochure à ceux de mes élec-teurs dont j'ai l'adresse.

Ceux qui ne la recevraient pas et voudraient la connaître, *quels qu'ils soient, amis ou adversaires politiques*, peuvent m'écrire à Pont-l'Abbé, et je la leur enverrai immédiatement.

A M. COSMAO-DUMÉNEZ

Monsieur,

« *Maître fourbe* » — « *grand blakboulé* » — « *saltimbanque politique* ».... telles sont les gracieusetés dont le *Finistère* encadre votre réponse à la lettre que j'ai publiée, en décembre dernier, dans le *Courrier de la Cornouaille*.

Ce n'est pas vous, il est vrai, qui signez ces jolies choses ; elles ne sont pas signées du tout... c'est mieux...... et le *Finistère* termine en proclamant « *la répulsion que je lui inspire.* »

Je ne puis pas m'en prendre au rédacteur de ce journal, puisqu'il ne se montre pas, ne signe pas et se cache sous l'anonyme, ce qui permet de supposer qu'il éprouve pour sa triste besogne une répulsion au moins égale à celle dont il m'honore.

Je laisse donc à cet insulteur masqué le loisir de jouir de son reste.

Au train dont vont les choses, avant longtemps nous verrons disparaître le *Moniteur des calomnies départementales ;* — on brûlera un peu de sucre rue du Guéodet, — et on se demandera alors comment les autorités préfectorales d'un grand pays auront pu accepter, si longtemps, les services de ces gens-là.

Pour ce qui est des attaques mensongères nettement articulées contre moi par ce journal, je laisse aux tribunaux le soin d'en faire justice.

Quant à vous, Monsieur, vous êtes fort poli, je le reconnais, et je suis même confus des éloges que vous m'adressez.

Vous m'appelez, en effet : « Digne émule de M. Delahaye. »

Peste ! L'éloge n'est pas mince, et quand vous avez écrit cette phrase (si toutefois elle est de vous), vous ne pensiez pas sans doute que, six semaines plus tard, vous seriez entraîné à voter l'ordre du jour de M. Godefroy Cavaignac et l'affichage d'un discours qui venait de forcer la Chambre à reconnaître, *à l'unanimité*, l'incontestable valeur des déclarations de M. Delahaye.

Quoiqu'il en soit, je dois songer à mes 8,500 électeurs de 1889, d'abord, — et, ensuite, à ceux de vos électeurs à vous, qui auront ouvert les yeux sur ce qui se passe ; — et je crois qu'il est de mon devoir de résumer, l'*Officiel* à la main, quelle a été votre conduite dans ces lamentables débats.

J'exerce ici un droit absolu.

Vos votes m'appartiennent, comme vous appartiendraient les miens, si j'avais été à votre place.

J'ai donc relu, à votre intention, toutes les séances de la Chambre, et, du même coup, je noterai vos votes et ceux de vos collègues du Finistère. — Ce sera un résumé tout prêt pour les électeurs auxquels vous allez rendre compte de votre mandat.

Je répondrai à votre lettre au cours de ce travail.

Donc ce fut le 19 novembre 1892, que M. Delahaye déposa sa demande d'interpellation concernant « Les lenteurs de la justice à **faire la** » **lumière** sur l'affaire du Panama. »

M. le garde des sceaux déclarait « l'interpellation inutile »... « Ne pouvant avoir aucune conséquence pratique, etc., etc , » et en demandait l'ajournement indéfini.

Malgré vos efforts, et ceux de vos amis, la Chambre, émue, décida le renvoi au lundi 21 novembre (*Officiel*, page 1610).

Le lundi 21 novembre, l'interpellation eut lieu.

Il faut, avant tout, que mes lecteurs comprennent que, sans l'interpellation courageuse de M. Delahaye, **la lumière** serait encore sous le boisseau ;

Que Rouvier serait encore ministre des finances ;

Que Floquet serait encore président de la Chambre ;

Que les honteux tripotages de ces dernières années continueraient de plus belle ; et qu'enfin, les pratiques gouvernementales, flétries, depuis lors, par l'honorable M. Cavaignac, se perpétueraient comme auparavant.

M. Delahaye demandait la nomination d'une commission d'enquête, pour vérifier les faits coupables dont il affirmait l'existence, et dont il indiquait les moyens de trouver la preuve.

A peine avait-il commencé ces révélations, qu'il fut violemment interrompu par tous vos amis, depuis Floquet jusqu'au moindre des opportunistes... « Des noms !! des noms ! » hurlaient 300 voix.

A quoi M. Delahaye, imperturbable, répondait : « L'enquête, l'enquête ! »

Et quand il dénonçait tel ou tel forfait reconnu, depuis lors, parfaitement exact, vous étiez tous à crier : « La preuve, la preuve » — et il vous répondait impassible : « Il y en a 100 parmi vous qui savent où est cette preuve — cherchez-la ! »

Certes, Monsieur, votre nom ne figure pas parmi les interrupteurs écoutés.

Une seule fois, dans votre vie parlementaire, vous avez essayé de *jouer les ténors* et de chanter un petit air tout seul. Ce jour-là vous avez eu le malheur de vous adresser à M. de Cassagnac, et Cassagnac fit si bien rire la Chambre à vos dépens que, depuis lors, on n'entend plus votre voix... que dans les chœurs.

Mais, dans cette séance mémorable, vous faisiez votre métier de choriste à pleins poumons.

Et cependant, la commission d'enquête fut décidée, sous la pression de cette opinion publique que vos amis bravent depuis 14 ans, — qui aujourd'hui vous tient à la gorge, — et qui ne vous lâchera plus.

Ce vote eut lieu même à la suite d'un discours de M. Baïhaut (!!!) qui se terminait ainsi :

« Je puis donc dire, Messieurs, que je suis de ceux qui ont su défendre leur honneur. »

Applaudissements au centre et à gauche. (*Officiel, page* 1653.)

Oui, vous applaudissiez ce Baïhaut, cet ancien ministre des travaux publics, — vous l'applaudissiez ferme; — et aujourd'hui que, grâce à M. Delahaye, la lumière est faite en partie, Baïhaut est en prison à Mazas; — il a avoué avoir reçu 375,000 fr. volés aux obligataires du Panama et il va passer en cour d'assises dans le procès de corruption.

Et sans M. Delahaye, entendez-vous bien, M. Baïhaut serait encore député.

Et vous m'appelez « le digne émule de M. Delahaye. »

Merci, Monsieur, de l'honneur que vous me faites.

A la Chambre on remue les Cosmao à la pelle. — On ne trouve pas beaucoup de Delahaye.

La nomination d'une commission d'enquête fut décidée a *mains levées* (c'est-à-dire sans scrutin), je ne puis donc pas apporter la preuve que vous avez voté *contre*, bien que j'en sois convaincu.

Mais cette preuve je la trouve immédiatement après, — toujours à l'*Officiel*, — et, dans deux scrutins dont il vous est impossible d'effacer votre nom.

En effet, la nomination d'une commission d'enquête étant décidée, on proposa, pour en choisir les membres, deux moyens différents :

Ceux qui, avant tout, voulaient **la lumière**, d'où qu'elle vînt, votèrent pour l'un et l'autre de ces deux moyens. J'emploie exprès ces termes vulgaires pour être bien compris.

Ceux qui voulaient **la lumière**, mais d'une certaine façon, votèrent pour l'un ou pour l'autre des deux moyens proposés.

Ceux enfin qui ne voulaient **pas de lumière** du tout, c'est-à-dire pas de commission d'enquête, votèrent successivement contre les deux moyens proposés, et vous êtes de ceux-là, Monsieur, vous ne vouliez pas de **lumière** du tout.

Pourquoi ???

Voici d'ailleurs, en langage parlementaire, ce qui se passa. — On proposa d'abord de nommer la commission d'enquête par voie de tirage au sort. — Cette proposition fut repoussée.

Ceux de nos députés qui voulaient **la lumière** quand même votèrent *pour*.—Les autres votèrent *contre*, et vous, vous avez voté *contre* (1).

Alors on proposa de nommer les membres de

------

(1) Ont voté pour : MM. Boucher, de Gasté, d'Hulst, de Kermenguy.

Ont voté contre : MM. Cosmao-Duménez, Gourvil, Jaouen, Hémon, de Kerjégu, Le Borgne. (*Officiel*, pages 1656 et 1657).

la commission d'enquête au scrutin de liste. — Cette proposition fut adoptée par 310 voix contre 218 (1).

Vous avez encore voté avec les 218 contre ce moyen de nomination. Il est donc clair comme le jour que vous et vos amis, ayant voté contre les deux moyens proposés pour nommer la commission d'enquête, vous ne vouliez pas de cette commission, c'est-à-dire que vous ne vouliez pas qu'on fît **la lumière**.

Pourquoi ???

Le lendemain, 22 novembre, la commission d'enquête était enfin nommée malgré vous et vos amis et grâce à M. Delahaye.

Le 23 les journaux commencent à parler haut. M. Antonin Proust, notamment, est accusé d'avoir touché un chèque. Il écrit une lettre dans laquelle il demande à comparaître devant la commission « pour son honneur, pour l'honneur du Parlement. »

Depuis lors cet ancien ministre a tout avoué et il va passer en cour d'assises.

Si cependant, quinze jours plus tôt, M. Delahaye qui n'avait pas à sa disposition les moyens d'instruction de M. le juge Franqueville, et qui ont déterminé ce magistrat à faire arrêter M. Baïhaut et à envoyer M. Antonin Proust en cour d'assises, — si, dis-je, M. Delahaye, au lieu de réclamer l'enquête, vous avait donné les noms que vous lui réclamiez, il eut été accablé sous vos huées, faute de pouvoir vous fournir de suite les preuves que le juge a trouvées depuis ; — **la lumière** ne

---

(1) Ont voté pour : MM. de Gasté, Boucher, d'Hulst, de Kermenguy.

Ont voté contre : MM. Cosmao-Duménez, Gourvil, Hémon, Jaouen, de Kerjégu, Le Borgne. (*Officiel*, pages 1657 et 1658).

se fût pas faite et MM. Baïhaut et Antonin Proust seraient encore députés.

Continuons. — Dans la séance du 26 un député républicain, M. Pourquery de Boisserin dépose un projet de loi tendant à « déterminer les pouvoirs des commissions d'enquêtes parlementaires», pouvoirs sans lesquels elles sont impuissantes à faire la lumière.

Il demande l'urgence. — Il y a scrutin, vous votez contre l'urgence.

L'urgence est repoussée par 234 voix contre 218 (1).

Que mes lecteurs le remarquent ; ces chiffres ont leur éloquence. — La minorité grossit. — On sent déjà que l'opinion publique, exaspérée, agit sur la Chambre, et qu'elle veut la lumière.

Ceux qui veulent éviter la lumière ne sont déjà plus que 234.

Et vous en êtes, Monsieur.

Pourquoi???

Dès sa première réunion la commission d'enquête nommait pour président M. Henri Brisson, ancien président du conseil des ministres, ancien président de la Chambre et l'un des plus vieux républicains du Parlement.

Je ne partage pas toutes les idées de M. Brisson, mais j'ai le plus grand respect pour sa personne, — et il faut se rappeler que M. Brisson était déjà républicain sous l'empire, alors que vous prêtiez, vous, serment de fidélité à l'empereur Napoléon III, et que l'honorable M. Ribot,

------

(1) Ont voté pour l'urgence : MM. Boucher, De Gasté, d'Hulst, de Kermenguy, Jaouen.

Ont voté contre : MM. Cosmao-Dumenez, Hémon, Gourvil, Le Borgne.

N'a pas voté : M. de Kerjégu. *(Officiel, page 1728.)*

actuellement président du conseil, était substitut
du procureur impérial à Paris (1).

Cependant, à la séance du lundi, 28 novembre,
M. de la Ferronnays questionna le gouvernement
sur la nécessité de faire *rapidement* l'autopsie
du baron de Reinach, afin de savoir si ce finan-
cier véreux, qui s'était chargé d'acheter les députés,
était mort naturellement ou empoisonné.

Cette question fut transformée en interpellation sur la demande de M. Millevoye.

M. Brisson expliqua les motifs pour lesquels
cette autopsie s'imposait immédiatement, et déposa
l'ordre du jour suivant : « La Chambre, s'associant
» aux désirs de la commission d'enquête pour faire
» **la lumière** sur les affaires du Panama, passe à
» l'ordre du jour. »

Le ministère, lui, demanda l'ordre du jour *pur
et simple ; — c'est-à-dire la faculté de mettre*
la lumière *sous le boisseau.*

Cette fois encore, Monsieur, vous votez contre
la lumière, c'est-à-dire que vous votez l'ordre du
jour pur et simple qui, d'ailleurs, fut repoussé
par 293 voix contre 195 (2).

Pourquoi ???

On vote alors sur l'ordre du jour présenté par

---

(1) Ce qui prouve, en passant, que l'on peut présider
actuellement aux destinées de la République, tout en
ayant été procureur impérial, — et ce qui prouve que,
si j'avais été directeur de la presse sous l'empire (*ce qui
est un mensonge* imprimé vingt fois par le *Finistère*), mon
adhésion sincère à une république honnête et démocratique n'en serait pas plus suspecte pour cela.

(2) Ont voté pour l'ordre du jour pur et simple :
MM. Cosmao-Duménez, de Gasté, Gourvil, Hémon,
Jaouen, Le Borgne.

Ont voté contre : MM. Boucher, d'Hulst, de Kermenguy.

N'a pas voté : M de Kerjégu. *(Officiel,* page 1744.)

M. Brisson et ayant pour but de faire **la lumière** sur les affaires du Panama.

Cet ordre du jour est adopté par 375 voix contre 1.

Mais vous, M. Cosmao, vous n'avez pas voté cet ordre du jour présenté par le républicain Brisson ; — vous vous êtes abstenu (1).

Pourquoi ???

Le vote de l'ordre du jour Brisson renversait le ministère auquel vous étiez tout dévoué, et, quelques jours après, apparaissait le ministère Ribot auquel vous alliez être d'ailleurs plus dévoué que jamais.

Dans la séance du 5 décembre, M. Pourquery de Boisserin donne lecture de sa proposition de loi tendant à donner à la commission d'enquête certains pouvoirs judiciaires tels que : le droit de faire citer tous témoins, — de leur déférer le serment — punissant les refus de comparaître, le faux témoignage, la dénonciation calomnieuse; — enfin portant que la commission pourra s'adjoindre un juge d'instruction, opérer des saisies, etc., etc.

M. Pourquery de Boisserin explique à la Chambre que son projet peut seul donner à la commission les pouvoirs sans lesquels il lui sera impossible de faire **la lumière**, — et il réclame l'urgence.

Vous votez contre l'urgence, c'est-à-dire contre **la lumière** en attendant que quelques jours plus tard vous votiez contre la loi elle-même.

Pourquoi ???

---

(1) Ont voté l'ordre du jour Brisson demandant que l'on fît **la lumière** : MM. Boucher, de Gasté, d'Hulst, de Kerjégu, de Kermenguy.

N'ont pas voté : MM. Cosmao-Duménez, Gourvil, Hémon, Jaouen, Le Borgne. (*Officiel*, page **1745.**)

L'urgence est néanmoins votée, malgré vous, par 317 voix contre 152 (1).

Le 8 décembre, le ministère, présidé par l'hono-rable M. Ribot, fait son entrée en séance ; M. Hubbard lui adresse une interpellation sur « les conditions dans lesquelles il entend prêter « son concours à la commission d'enquête. » — Après une discussion qui s'engage immédiate-ment, M. Hubbard dépose l'ordre du jour sui-vant, qui a pour but d'engager le gouvernement à faire **la lumière** par tous les moyens. « La » Chambre, prenant acte des déclarations du » gouvernement et désireuse de voir communiquer » intégralement le dossier du Panama à la com-» mission d'enquête, passe à l'ordre du jour. »

Voilà donc encore un ordre du jour présenté par un républicain, M. Hubbard, défendu et *voté* par M. Brisson, président de la commission d'enquête et qui a pour but de **faire la lumière.**— Comme le ministère nouveau vient de faire pré-senter un autre ordre du jour incolore, par son ami, M. Félix Faure, on réclame la priorité pour l'ordre du jour de M. Hubbard et, naturellement, vous votez contre cette priorité ! (*Officiel*, page 1771) (2).

Cette priorité n'ayant pas été accordée, on vote alors sur l'ordre du jour de M. Félix Faure, qui approuve tout ce que fera le nouveau ministère.

En votre qualité de *député du ministère,* vous vous hâtez de voter cet ordre du jour, et d'accorder

----

(1) Ont voté pour l'urgence : MM. Boucher, de Gasté, Gourvil, d'Hulst, de Kermenguy.

Ont voté contre : MM. Cosmao-Duménez, Hémon, Jaouen, Le Borgne.

N'a pas voté : M. de Kerjégu. (*Officiel*, page 1757.)

(2) Ont voté pour la priorité de l'ordre du jour Hub-bard : MM. Boucher, de Gasté, d'Hulst, de Kermenguy.

Ont voté contre : MM. Cosmao-Duménez, Hémon, Gourvil, Jaouen, de Kerjégu et Le Borgne.

ainsi au nouveau ministère l'entière confiance que jusqu'alors vous donniez au ministère de la veille !

Dans cette même séance M. de Ramel dépose son projet de loi ayant pour but : « De donner » aux actionnaires et obligataires du Panama le » pouvoir de confier leurs intérêts à un ou plu- » sieurs mandataires chargés de les défendre et » leur accordant de plein droit l'assistance judi- » ciaire. » (*Officiel*, page 1767).

M. de Ramel demande l'urgence. Ici, Monsieur, dans votre lettre au *Finistère*, vous essayez de donner le change à vos lecteurs sur la portée du vote que vous avez émis ; — mais je ne vous laisserai pas faire ; — et je me contenterai de vous répondre que M. Montaut, dont vous invoquez l'autorité, satisfait de la réponse que lui fit M. de Ramel, *a voté, lui aussi, pour l'urgence* (Officiel, page 1773), tandis que vous avez *voté contre*.

Je vous défie de prouver le contraire.

D'ailleurs, la Chambre, sans distinction de parti cette fois, comprit tellement bien l'intérêt qu'il y avait pour les victimes du Panama à ce que le projet de M. de Ramel fut rapidement adopté, qu'elle vota l'urgence à l'énorme majorité de 413 voix contre 65.

Et vous êtes des 65 qui avez ainsi montré le peu de compassion que vous aviez pour les malheureux porteurs du Panama.

Pourquoi ???

J'ajoute que parmi les 65 il n'y a que deux députés de notre département M. Hémon et vous (1).

----

(1) Ont voté pour l'urgence du projet de M. de Ramel : MM. Boucher, de Gasté, Gourvil, d'Hulst, Jaouen, de Kerjégu, de Kermenguy, Le Borgne.

Ont voté contre : MM. Cosmao-Duménez et Hémon.

Voilà la vérité, Monsieur, l'*Officiel* à la main : et sans qu'il soit besoin de gros mots pour la faire connaître.

Quelques jours plus tard, M. Rouvier, ministre des finances, donnait tout à coup sa démission, et M. Trouillot interpellait le gouvernement sur les causes de cette démission soudaine.

L'honorable M. Ribot, président du Conseil, répondit que la lettre de M. Clémenceau, parue le matin dans les journaux, et racontant les incidents de la dernière journée de M. le baron de Reinach avait décidé M. Rouvier à se retirer. — Mais, M. Ribot proclamait cependant encore : « La soli-
» darité d'honneur qui réunit tous les ministres... »

M. Rouvier fit alors le lamentable récit de ses visites au juif allemand Cornélius Hertz, en compagnie de M. Clémenceau; il recueillit les rares et derniers applaudissements de quelques amis restés fidèles, et il fut remplacé à la tribune par M. Paul Déroulède.

M. Deroulède, l'honnête et courageux citoyen qui force l'estime de ses ennemis eux-mêmes, fit le procès de « cet abominable régime parle-
» mentaire fait de corruption, de favoritisme et de
» défaillances vénales. » — « Croyez-moi, dit-il, ce
» régime se meurt, tachez d'en séparer la Répu-
» blique. »

On sait, en effet, que M. Deroulède est un des républicains des plus sincères et des plus honorés de la Chambre.

Enfin, M. Deroulède réclama la constitution de la Haute Cour pour juger l'ancien ministre Rouvier.

Ce jour-là vous n'applaudissiez pas M. Derou-
lède, réclamant la **lumière** à tout prix, — et cependant il faisait, par avance, une partie du discours prononcé, un mois plus tard, par M. Cavaignac, aux applaudissements de la Chambre.

C'est que les événements vont vite, à l'heure redoutable où nous sommes !

Dans la même séance M. de Ramel demande

que les bureaux se réunissent le surlendemain pour examiner sa proposition en faveur des porteurs de titre de Panama. — La Chambre s'associe à son désir et vote sa demande par 378 voix contre 69 (1).

Vous, Monsieur, vous ne votez pas, et vous témoignez une fois encore du peu de pitié que vous inspirent les malheureux dont les épargnes ont été odieusement volées dans cette affaire.
Pourquoi ? ? ?

Nous voici à la séance du 15 décembre.
Depuis quelques jours des révélations scandaleuses circulent dans le public et dans la presse, — on sent que l'homogénéité du ministère n'est pas absolue, — on devine, chez quelques-uns de nos gouvernants, le sincère désir d'aller jusqu'au bout, tandis que d'autres, (voyant des amis politiques compromis), voudraient empêcher la vérité de se produire.
Ces hésitations du ministère ont leur écho dans la Chambre, de sorte qu'une discussion *immédiate* de la proposition Pourquery de Boisserin déterminerait son rejet.
M. Brisson, président de la Commission, demande l'ajournement de la discussion.
M. Bourgeois, garde des sceaux, ancien sous-secrétaire d'État de M. Floquet au ministère de l'intérieur, et qui veut sauver son ami Floquet, réclame la discussion immédiate.
Vous vous empressez de voter comme le demande M. Bourgeois, et malgré M. Brisson. (*Officiel*, page 1830).
La discussion étant votée, la bataille s'engage.

____

(1) Ont voté pour la demande de M. de Ramel : MM. Boucher, de Gasté, Gourvil, d'Hulst, Jaouen, de Kerjégu, de Kermenguy, Le Borgne.
N'ont pas voté : MM. Cosmao-Duménez et Hémon.

Je trouve dans cette discussion les paroles suivantes de M. Le Provost de Launay, que personne n'a réfutées, et qui donnent singulièrement raison à ce que j'écrivais dans le *Courrier de la Cornouaille* :

« *M. Rousseau a déposé son rapport le 30*
» *avril 1886. — Ce rapport était tellement*
» *hostile à la façon dont étaient conduits et*
» *organisés les travaux de Panama, que, s'il*
» *avait été* **publié** *à cette époque, comme c'était*
» *le devoir impérieux du gouvernement, il y*
» *aurait, à l'heure actuelle, un milliard de*
» *plus dans les poches des pauvres gens de*
» *France.* »

Plus loin, M. Le Provost de Launay ajoute :

« *J'ai demandé communication du rapport*
» *Rousseau, et le Ministre des travaux publics*
» *m'a répondu le 6 décembre 1892 : « Le rap-*
» *port a été jusqu'ici tenu confidentiel ; je*
» *n possède qu'un seul exemplaire ; je ne*
» *puis vous l'adresser, et je ne pourrais exa-*
» *miner une demande de communication*
» *qui m'en serait faite, que si elle m'était*
» *adressée par le Président de la Commission*
» *d'enquête.* »

Déjà, le 21 novembre, comme M. de Launay se plaignait que le rapport Rousseau eut été tenu secret, votre collègue M. Hémon s'écrie de sa place « *Il a été imprimé !* » (*Officiel*, page 1650).

Imprimé, — Oui.

Publié, — Non.

Si bien que le public n'en a rien connu, et que les pauvres gens y ont perdu plus d'un milliard, dont une partie a été gaspillée par les Cornélius Hertz, les Reinach, les Arton et autres juifs cosmopolites, pour les besognes infâmes dont une faible partie se dévoile aujourd'hui.

Après une longue discussion, on vota sur le

passage à la discussion des articles de la proposition Pourquery.

Ici, le vote étant *capital*, je dois expliquer en deux mots, à ceux de mes lecteurs qui ne sont pas au courant de la langue parlementaire, ce que signifie : *le passage à la discussion des articles.*

Passer à la discussion des articles d'un projet, c'est le reconnaître acceptable dans l'ensemble, sauf à en discuter tel ou tel article.

Voter, au contraire, contre le passage à la discussion, c'est voter contre le projet, sans même vouloir le discuter.

On procéda à ce scrutin mémorable.

Le passage à la discussion des articles fut repoussé (et le projet enterré) par 271 voix contre 265 ; — si bien qu'un déplacement de quatre voix suffisait pour que la loi fût votée, et que la commission d'enquête obtint les pouvoirs qu'elle demandait pour faire **la lumière**. Naturellement, Monsieur, vous avez voté contre (1).

Pourquoi ???

Et cependant M. Brisson, le républicain le plus incontesté de la Chambre venait de vous dire : « Je demande qu'on passe à la discussion » des articles ». — Et plus loin : « Je pense avec la » commission qu'il est nécessaire que la loi soit » votée. » Ce n'est plus M. Delahaye qui dit ces choses, c'est M. Brisson, c'est le président de la commission d'enquête qui comprenait bien à quel point étaient sérieuses les indications fournies par M. Delahaye qui vous demandait les pouvoirs nécessaires pour faire **la lumière**. — Et vous avez refusé ; — voilà la vérité.

Pourquoi ???

____

(1) Ont voté pour le passage à la discussion des articles : MM. Boucher, de Gasté, d'Hulst, de Kermenguy.

Ont voté contre : MM. Cosmao-Duménez, Hémon, Gourvil, Jaouen, de Kerjégu, Le Borgne (*Officiel*, p. 1831).

Quelques jours plus tard, l'effet de votre vote se faisait sentir ; — des témoins refusaient de comparaître devant la commission rendue impuissante ; — un autre, comme le banquier Thierrée, déclarait à la commission qu'il avait détruit les fameux talons de chèques annotés par M. de Reinach ; — et quinze jours après, devant le juge, le même M. Thierrée apportait les talons de chèques qu'il n'avait pas détruits !

Si donc la commission d'enquête n'a pas eu les pouvoirs nécessaires pour faire la **lumière** rapide et complète, c'est à vous et à vos amis qu'en est la faute — et il faut remarquer que si vos amis opportunistes de notre seul département avaient voté avec M. Brisson, leur concours suffisait à modifier le résultat.

Nous arrivons à la séance du 20 décembre. Changement de tableau.

La grande voix du peuple commence à se faire entendre ; — les journaux ont parlé ; ce que les initiés du monde politique savaient en gros, depuis longtemps, se raconte en détail dans les feuilles publiques et dans les cercles : — le ministère comprend qu'il faut aller de l'avant, coûte que coûte, et le garde des sceaux demande l'autorisation de poursuivre MM. Arène, Dugué de la Fauconnerie, Antonin Proust, Jules Roche, Rouvier (ces trois derniers anciens ministres).

Le même jour le ministère demande au Sénat l'autorisation de poursuivre cinq sénateurs : MM. Béral, Léon Renault, Thévenet, Grévy et Devès, dont deux anciens ministres et un ancien gouverneur de l'Algérie et frère de l'ancien président de la république.

Et maintenant, revenons à M. Delahaye : Ou bien ce député avait donné de sérieuses indications et vous devez désormais reconnaître son courage.

Ou bien le gouvernement, en demandant des poursuites, agissait avec une incomparable légèreté.

Il n'y a pas moyen de sortir de là.

C'est dans cette mémorable séance que M. Rouvier fit, à la tribune, l'aveu de ses relations étranges avec les banquiers juifs et la caisse du Panama ; — et comme, le voyant perdu, vos amis cessaient de l'applaudir et commençaient à l'interrompre, il leur jeta à la face cette réponse brutale que je copie dans l'*Officiel* avec la mention des interruptions qui la provoquent :

« (*Officiel*, page 1886) ....*interruptions sur* » *divers bancs à gauche.* — M. Rouvier : « Quant » à ceux qui m'interrompent, s'ils avaient été » autrement défendus et servis, peut-être ne » seraient-ils pas sur ces bancs à l heure qu'il » est » ! ! !

Ce qui signifiait en langue vulgaire : « Si j'ai pris des mains du banquier Vlasto de l'argent provenant de la caisse du Panama c'était pour défendre vos situations électorales, à vous qui m'abandonnez aujourd'hui. »

Est-ce que j'ai dit autre chose ? ? ?

C'est également dans cette même séance que M. Déroulède fit connaître à la France ce Cornélius Hertz, — ce mystérieux personnage qui commandite le journal de M. Clémenceau ; — ce juif allemand, naturalisé américain, qui paraît être un espion de la triple alliance, et qui, depuis 12 ans, tenait en mains tous les fils de notre politique.

Que dites-vous de cette histoire de Cornélius Hertz, successivement nommé chevalier, officier, commandeur et enfin grand-officier de la légion d'honneur ?

Croyez-vous que M. de Freycinet se relèvera de la chute où devait le précipiter, quelques jours plus tard, la révélation de ses rapports avec cet étrange personnage ?

Ne croyez-vous pas qu'il était temps de le rayer de la Légion d'honneur comme on vient de le faire? Ne pensez-vous pas qu'il était temps de mettre fin à ce scandale abominable d'un espion prussien ayant ses grandes et petites entrées chez nos ministres?

Et cependant, sans M. Delahaye tous ces honteux tripotages continueraient encore.

C'est toujours dans cette même séance que M. Mège a pu dire : « *En 1888 M. Hertz touchait* » *2 millions au moment même où M. de Reinach* » *prenait 10 millions dans la caisse du Pa-* » *nama pour acheter des membres du Parle-* » *ment ou d'autres.* » (*Officiel*, page 1891).

Passons à la séance du 23 décembre : M. Floquet qui, quelques semaines auparavant, avait audacieusement nié, du haut de son fauteuil, ses rapports avec la caisse du Panama avait été forcé la veille de faire à la commission d'enquête l'aveu suivant..... non dépouillé d'artifice et d'ambiguité.

« *J'aurais poussé la candeur un peu loin,* » *si j'avais pu me figurer que, dans la répar-* » *tition du fond spécial destiné à la publicité* » *des journaux, et régulièrement touché par* » *eux, les influences politiques ne s'exerçaient* » *pas, et si, m'enfermant dans une indiffé-* » *rence qui eût été une véritable abdication,* » *je n'avais pas, au moyen des informations* » *que j'ai recherchées et des communications* » *qui m'ont été spontanément faites, observé et* » *suivi d'aussi près que possible cette réparti-* » *tion, non pas au point de vue commercial* » *qui ne me regardait pas, mais au point de* » *vue politique qui intéressait l'Etat.* »

Ce qui signifiait : « Je n'ai pas mis dans ma » poche les fonds du Panama, mais j'ai fait dis- » tribuer de l'argent aux journaux, non pas sui-

» vant leur tirage et les services que pouvait
» rendre leur publicité, mais suivant leur couleur
» politique. »

Après cet aveu, M. Floquet était perdu sans
ressource, — ce que tout le monde comprenait,
— excepté vous.

Donc, le 23 décembre, M. Millevoye déposa
son interpellation : « *Sur la situation fai'e au*
» *gouvernement et à la Chambre par les aveux*
» *de deux anciens présidents du conseil des*
» *ministres (Rouvier et Floquet), et sur la part*
» *de responsabilité qui en découle pour le gou-*
» *vernement dans le détournement des fonds*
» *appartenant aux obligataires de la Société*
» *du Panama.* »

Puis M. Millevoye, développant son interpellation, demanda la dissolution immédiate de la
Chambre ; — ce qui affola vos amis qui se mirent
à hurler en chœur : « *la clôture ! la clôture !* »
trouvant cette discussion par trop pénible...

Cependant, grâce à l'énergique intervention de
M. Déroulède, la clôture de la discussion fut
repoussée par 259 voix contre 233.

Mais vous, vous avez voté la clôture, toujours
pour empêcher la lumière de se faire (1).

Pourquoi ???

La discussion continuant, M. Déroulède
monte à la tribune et fait la critique de la constitution antidémocratique de 1875 qui nous régit,
et dont M. de Laboulaye, son parrain, disait lui-
même : « C'est la royauté sans le roi. »

Enfin, M. Millevoye dépose l'ordre du jour
suivant :

« La Chambre, convaincue que le gouver-

____

(1) Ont voté la clôture : MM. Cosmao-Duménez, de
Gasté, Gourvil, Hémon, Jaouen, Le Borgne.

Ont voté contre : MM. Boucher, d'Hulst de Kermenguy.

N'a pas voté : M. de Kerjégu (*Officiel*, page 1955.)

» nement désapprouve les théories gouvernemen-
» tales apportées à cette tribune par deux anciens
» présidents du conseil, passe à l'ordre du jour. »

C'était clair et précis. — C'était la flétrissure
des procédés du gouvernement de MM. Floquet et
Rouvier. — Cela ne faisait pas votre affaire à
vous et à vos amis.

Immédiatement M. Hubbard, l'ami du nouveau
ministère, dépose l'ordre du jour qui suit : « La
» Chambre, approuvant les déclarations du gou-
» vernement et confiante dans sa fermeté pour
» assurer l'œuvre de justice et de lumière qui
» s'impose, passe à l'ordre du jour. »

M. Hubbard demande la priorité du vote pour
son ordre du jour et vous vous empressez de le
voter (*Officiel*, page 1956) (1).

Puis on met aux voix cet ordre du jour qui
vous dispense de flétrir les théories de MM. Rouvier et Floquet ; — et cet ordre du jour vous le
votez encore (*Officiel*, page 1957).

Pourquoi ???

J'arrive maintenant à la rentrée des Chambres,
après les vacances du jour de l'an.

Pendant ces quinze jours le pays tout entier
a réfléchi.

Les scandales du Panama ; — la fin mystérieuse du banquier Reinach ; — l'arrestation des
administrateurs ; — la mise en suspicion de cinq
sénateurs et cinq députés, dont cinq anciens
ministres ; — l'arrestation de M. Sans-Leroy, ce
député qui vend son vote pour 200,000 francs ; —
l'arrestation et les aveux du député Baïhaut,
ancien ministre des Travaux publics, qui a reçu
375,000 francs de la Compagnie pour déposer le

---

(1) Ont voté l'odre du jour Hubbard : MM. Cosmao
Duménez, de Gasté, Gourvil, Hémon, Jaouen, Le Borgne.
Ont voté contre : MM. Boucher, de Kermenguy.
N'ont pas pris part au vote : MM. d'Hulst et de Kerjégu.

projet sur les obligations à lots ; — la fuite du
flibustier juif Arton ; — la mystérieuse histoire
de ce Cornelius Hertz, juif allemand naturalisé
américain, arrivant au grade de grand officier de
la légion d'honneur ! ; — commanditant le journal
radical de M. Clémenceau, ayant ses entrées dans
le cabinet de nos ministres, tenant en mains
tous les fils de notre politique, alors qu'il
semble prouvé qu'il était l'espion de l'Allemagne ;
— tous ces faits étranges et confus épouvantent
les patriotes jusqu'au fond du plus petit hameau
de France.

On commence à comprendre que ceux qui, en
1889, criaient : « Vivent les honnêtes gens, à bas les
voleurs ! » n'avaient pas tort ; — on sent qu'il faut
en finir, à tout prix, avec ces concussions, ces
hontes, ces mystères et ces trahisons de la patrie.

On comprend, avant tout, que, s'il y a, dans
le gouvernement, des hommes de haute probité qui
entourent l'honorable Président de la République,
et auxquels il faut apporter l'appui qui leur est
dû, au nom du salut public, il en est d'autres
qu'on discute terriblement, comme M. de Freycinet, et d'autres enfin qui sont irrévocablement
condamnés à disparaître ; — et, en tête de ceux-ci,
deux hommes : MM. Rouvier et Floquet.

L'ancien ministre Rouvier ayant déjà disparu,
n'en parlons plus.

Reste Floquet, président de la dernière
Chambre, et qui, suivant l'usage, doit se repré-
senter aux suffrages des députés ses collègues,
s'il veut remonter au fauteuil.

La séance d'ouverture a lieu le 10 janvier.

Contrairement aux bruits qui circulent,
Floquet a toutes les audaces et il pose sa can-
didature. — Il n'a pas de concurrent.

On demande le vote par appel nominal, ce qui
signifie que chaque député désirant voter montera

à la tribune, à l'appel de son nom, et déposera son vote dans l'urne, tandis que ceux qui ne voudront pas voter (pour Floquet seul candidat) s'abstiendront, en restant à leur banc, et ne répondront pas à l'appel de leur nom.

Or, ce jour-là, sauf M. de Kermenguy, qui était absent, tous les députés du Finistère figurent à l'*Officiel* comme présents, et voici leur vote :

Ont répondu à l'appel nominal, c'est-à-dire ont voté pour M. Floquet :

MM. Cosmao-Dumenez, de Gasté (1), Gourvil, Jaouen, Le Borgne.

N'ont pas répondu, c'est-à-dire n'ont pas voté pour M. Floquet (*Officiel*, pages 3 et 4) : MM. Boucher, *Hémon*, d'Hulst, de Kerjégu.

Ainsi donc, M. Hémon lui-même ne votait pas pour M. Floquet et vous abandonnait à votre fidélité incurable à tous les pouvoirs.

Quelques instants après, la Chambre nommait comme président un homme d'une haute honorabilité M. Casimir-Périer (2).

Et maintenant, sans transition, afin d'établir clairement l'*incohérence* de votre attitude politique aux yeux de tous nos électeurs, je passe à la séance du 8 février 1893 qui est la plus mémorable de la session nouvelle.

-----

(1) On me dit que M. de Gasté a des liens de parenté avec M. Floquet, ce qui explique parfaitement son vote.

(2) J'invite M. Cosmao à consulter M. le président Casimir-Périer. Il apprendra ainsi que j'étais directeur de *la presse sous la République*, et non pas sous l'Empire, comme *Le Finistère* l'a vingt fois imprimé mensongèrement. Il apprendra en même temps que c'est M. Casimir-Périer, père, ministre de l'intérieur qui, après m'avoir offert une préfecture que je refusai, me nomma, sur ma demande, directeur de l'hospice des Quinze-Vingts.

Dans cette séance, M. Goussot, député républicain, déposa l'interpellation suivante : « Je
» demande à interpeller le gouvernement sur la
» question de savoir si, après épuisement des
» juridictions ordinaires, aucun jugement n'ayant
» été rendu, il ne reste pas une sanction politique
» à donner aux mesures dont le garde des sceaux
» avait pris l'initiative à l'égard de dix membres
» du parlement. »

Pour ceux de nos concitoyens qui ne sont pas
habitués au langage parlementaire voici ce que
cela voulait dire : — Dix membres du Parlement ont été mis en suspicion par le ministre de
la justice ; — pourquoi les uns ont-ils été mis
hors de cause par le juge d'instruction, d'autres
par la Chambre des mises en accusations, tandis
que d'autres (les petits) sont traduits en cour
d'assises... nous n'en savons rien.— Mais, respec-
tant les arrêts rendus, et admettant que le crime,
établi pour les uns, ne l'est pas suffisamment
pour les autres, nous demandons s'il n'y aurait
pas moyen de flétrir, par un vote, les auteurs des
actes coupables qui ont été commis.

Après une discussion à laquelle prirent part
M. Goussot et le Ministre de la justice, voici tout
à coup M. Godefroy Cavaignac, républicain de
vieille date, portant le nom le plus pur de la
République, qui prend la parole.

C'est là, Monsieur, le maître discours que
j'aurais voulu faire entendre à tous vos électeurs.
— Si tous l'avaient entendu comme moi, s'ils
avaient vu l'aspect terrifié de la majorité opportuno-radicale, il ne vous resterait pas dix partisans.

Je citerai seulement ici les passages les plus
saillants de ce discours qui a dû être affiché dans
toutes les communes de France :

« *M. Cavaignac :* « Peut-on dire que la situa-
» tion est liquidée, élucidée?

» Nous sommes en présence d'un document
» dont il ne faut pas méconnaître la gravité, qui

» a été examiné par la justice ; et, sur ce document
» il est écrit que 104 membres du gouvernement
» ont reçu de l'argent. »

Est-ce que vous et les vôtres, cette fois, vous
avez osé crier, comme à M. Delahaye : « Les
noms ! Les noms !... »

Pas le moins du monde, vous étiez atterrés,
muets, sur vos bancs.

C'est que les temps sont changés, c'est que la
grande voix du peuple, qui vousfait peur, s'entend
d'un bout à l'autre de la France, et qu'on vous
eut répondu : **De la lumière ! De la lumière !...**

C'est que, dans la Chambre même, les applaudissements au langage honnête de M. Cavaignac,
partis, tout d'abord, des bancs de la droite et de
la gauche boulangiste, ont gagné peu à peu les
centres et que vos amis eux-mêmes, troublés et
confondus, finissent par applaudir pour faire
comme tout le monde.

Puis M. Cavaignac arrive au point culminant
du débat, et il ajoute :

« On (Rouvier et Floquet) est arrivé à dire à la
» tribune, que certaines pratiques étaient néces-
» saires à l'existence du gouvernement.

» Eh bien, c'est là-dessus qu'il faut se pro-
» noncer.

» Non, il n'est pas vrai qu'il soit nécessaire
» pour la politique du gouvernement de la Répu-
» blique, que des financiers viennent apporter à
» l'État français l'aumône de leurs avances, et ce
» qui serait encore plus grave, de leurs dons.

» Il n'est pas vrai qu'il soit nécessaire, pour
» l'existence du gouvernement français qu'il sur-
» veille la distribution des fonds que les sociétés
» financières consacrent à leur publicité. »

C'est bien là, clair et catégorique, la condamnation des pratiques de vos patrons Floquet et

Rouvier et la condamnation de tous vos votes depuis trois mois.

Enfin, M. Cavaignac dépose l'ordre du jour suivant :

« La Chambre, décidée à soutenir le Gouver-
» nement dans la répression de tous les faits de
» corruption, et résolue à empêcher le retour de
» pratiques gouvernementales qu'elle réprouve,
» passe à l'ordre du jour. »

Cette fois, la Chambre est complètement *emballée* ; — un vent d'honneur, de justice et de probité entraîne les plus indécis, *personne n'oserait plus ne pas se joindre* au mouvement général ; — un tonnerre d'applaudissements accueille M. Cavaignac ; — son ordre du jour est voté à l'unanimité et, sur la demande de M. Déroulède, l'affichage en est ordonné dans toutes les communes.

Qu'en dites-vous, Monsieur, et quel mal de tête vous deviez éprouver, en quittant cette séance inoubliable, où vous veniez de voter la condamnation de tous vos votes antérieurs !!

On comprend en effet que MM. Boucher, d'Hulst, de Kermenguy et de Gasté votent l'ordre du jour de M. Cavaignac, — on comprend encore ce vote de la part de M. Gourvil et de M. de Kerjégu (qui a signé la demande de scrutin), et dont les votes antérieurs trahissaient l'hésitation ; je comprends enfin M. Hémon, puisque, dès le 10 janvier, M. Hémon cessait de voter pour Floquet.

Mais vous, qui n'avez pas cessé de refuser la lumière, vous qui avez été l'adversaire de Delahaye, de Brisson de Déroulède, de Ramel, vous qui, le 10 janvier, votiez encore pour Floquet (1) vous n'avez donc pas compris que vous deveniez le plus *incohérent* des hommes en votant avec Cavaignac.

Et c'est là votre excuse, Monsieur, c'est que vous êtes *incohérent*, parce que vous ne savez pas votre métier, et que vous ne comprenez rien à ce qui se passe autour de vous.

J'arrive au seul passage de votre lettre demeuré sans réponse. — Vous me demandez de citer les noms des hommes politiques « *de notre déparment* » qui auraient « *bénéficié* » du Panama.

Ma réponse est simple : — relisez ma lettre ; je n'ai jamais écrit cela.

J'ai écrit, et je répète que, dès 1888, j'avais la conviction que les fonds du Panama seraient dilapidés pour les besoins électoraux de la bande opportuno-radicale.

C'est tout justement ce que M. Rouvier et Floquet ont avoué, et c'est ce qui les a précipités du pouvoir.

Ce sont ces scandaleuses théories de gouvernement que M. Cavaignac a flétries, et vous-même, sans comprendre votre *incohérence*, vous avez voté, ce jour-là, comme M. Cavaignac.

Mais j'irai jusqu'au bout, pour vous donner pleine satisfaction.

Votre lettre laisse entendre que je vous accuse : — « d'avoir bénéficié du Panama » — en ce sens que vous auriez personnellement reçu de l'argent.

Or, non seulement je n'ai pas écrit cela, mais c'eût été absurde, — pour deux motifs péremptoires :

1° En 1888 vous n'étiez pas député ;

2° Si vous aviez été député, en 1888, et si vous aviez eu la criminelle pensée (dont je suis loin de vous soupçonner) de réclamer de l'argent du Panama, vous n'auriez pas obtenu satisfaction sérieuse.

On comprend bien, en effet (et c'est là leur excuse), que MM. de Lesseps aient été forcés de donner 375,000 francs au ministre Baïhaut, qui tenait en mains la vie de leur compagnie ; — on les comprend payant 200,000 francs le vote de M. Sans-Leroy qui modifie les conclusions d'une commission.

On comprend encore qu'ils aient été forcés de payer de 20,000 à 80,000 francs la bienveillance de tel ou tel député dont l'influence est plus ou moins considérable.

Mais si un député, d'aussi petite importance que vous, avait tendu la main à la Société de Panama,... — on lui eut offert cent sous. — Et c'eut été du pur gaspillage.

Je me résume.

Je crois que les scandales du Panama n'ont jeté une lumière, encore incomplète, que sur un petit coin du tableau où se trouvent massées, dans une obscurité profonde, les choses abominables qui se sont accomplies depuis dix ans.

De nouveaux scandales éclateront. — Hier c'était l'affaire de la dynamite, où nous avons vu l'ancien sénateur Le Guay, ancien préfet du Finistère, condamné à cinq ans de prison pour usage de faux. — C'est le même Le Guay qui, le 30 juin 1880, assisté de M. Astor, faisait jeter sur le pavé les innocents Pères Jésuites, de Quimper, qui ne faisaient de mal à personne.

Demain, peut-être, de nouvelles révélations viendront troubler la conscience publique et com-promettre gravement, sinon nos ministres du jour, du moins ceux d'hier.

Je pense, avec M. Cavaignac, avec M. Délahaye, avec M. Déroulède, avec M. Deschanel, et, comme l'a dit ce dernier : « Qu'il est indispensable de faire la lumière la plus complète avant les élections. »

Il y a dans le gouvernement des hommes d'une incontestable honorabilité et M. le Président

Carnot est du nombre. — Je suis même convaincu que si M, Carnot avait des pouvoirs plus étendus et s'il était l'élu du peuple et non l'élu du Parlement, il serait le premier à poursuivre les misérables qui déshonorent notre pays.

Je renouvelle mon adhésion sincère à la République, mais je la veux honnête, libérale, démocratique et respectueuse de la liberté de conscience.

Voilà pourquoi j'aurais toujours voté blanc quand vous votiez noir.

Voilà pourquoi j'aurais notamment voté pour la commission d'enquête, pour la proposition de Ramel, pour la proposition de Pourquéry de Boisserin et enfin, le 10 janvier, contre M. Rouvier et Floquet.

Si bien, Monsieur que vous pourriez mettre sur vos affiches :

Vive la République de MM. Rouvier et Floquet !!

Tandis que, si je dois être votre concurrent, je mettrais sur les miennes :

Vive la République de MM. Casimir-Périer et Cavaignac !!

De cette façon, nous serions compris l'un et l'autre sans nous être injuriés d'une façon indécente, et le peuple nous jugerait.

En ma qualité d'enfant du peuple, c'est tout ce que je réclame.

24 février 1893.

Georges DERRIEN.

Voici les .deux lettres qui ont donné lieu à la brochure de M. G. Derrien :

(Extrait du *Courrier de la Cornouaille*, du 24 décembre 1892).

Paris, 21 décembre 1892.

Monsieur le Rédacteur en chef,

Dans le numéro du *Courrier de la Cornouaille* du 17 courant, votre correspondant de Pont-Croix rappelle qu'aux élections de 1889, où je défendais la cause de la *Révision constitutionnelle*, après avoir affirmé que je me ralliais à la République, pourvu qu'elle devint honnête, *démocratique* et respectueuse de la liberté de conscience, je terminais toutes mes réunions par ce cri invariable : *Vivent les honnêtes gens ! A bas les voleurs !*

Et votre correspondant en conclut que dès 1889, *j'en savais long sur les infamies dont la découverte scandaleuse impressionne si vivement l'opinion...*

Tout cela est exact, mais je veux me borner, aujourd'hui, à vous dire ce que je savais du Panama.

C'est le 30 avril 1886 que l'honorable M. Rousseau président actuel de votre Conseil général, déposait son rapport sur cette affaire.

Ce rapport est aujourd'hui connu, et M. Viette, ministre des Travaux publics, déclarait loyalement à la Chambre, ces jours derniers que, malgré les réserves auxquelles était tenu M. Rousseau, l'éminent ingénieur considérait le succès de l'entreprise, sinon comme impossible, au moins comme très problématique.

Pour moi, voici ce que j'en savais, même avant 1889.

Quelques jours après le dépôt de ce rapport (en 1886), j'eus l'honneur de dîner avec M. Rousseau, chez son beau-frère, mon ami intime et regretté, feu M. Michau, alors président du Tribunal de commerce de Paris.

Ce dîner étant suivi d'une réception nombreuse, M. Michau nous fit l'amitié de nous ouvrir son cabinet de travail, afin de nous permettre d'y fumer un cigare.

— Nous étions là cinq ou six amis du président, et...
son beau-frère, M. Rousseau.

Chacun de nous, à tour de rôle, s'empressait de
questionner M. Rousseau sur les résultats de son
expertise.

Comme c'était son droit et son devoir, puisque le
gouvernement n'avait pas encore publié son rapport,
M. Rousseau se montrait d'une réserve extrême.

Cependant, alors que nous n'étions plus que deux ou
trois, M. Rousseau s'exprima, sur l'incapacité profes-
sionnelle de M. Ferdinand de Lesseps, en termes
tellement énergiques, que nul de nous ne douta que les
conclusions du rapport fussent clairement contraires à
l'entreprise... au moins telle qu'elle était conçue.

Et comme nous étions debout pour rentrer dans les
salons, je me souviens que M. Rousseau laissa échapper
cet aveu, dont je garantis le sens, sans affirmer rigoureu-
sement les chiffres : « Ce qui est effrayant, c'est que sur
600 millions de dépenses il n'y a pas 100 millions de
travaux exécutés ! »

Quelques semaines plus tard, j'étais à Pont-l'Abbé et
j'allais de maison en maison chez tous ceux de mes amis
que je savais porteurs de titres de Panama, pour les
conjurer de les vendre, en leur affirmant que l'affaire était
perdue. Je compte à Pont-l'Abbé des amis que j'ai, pour
ainsi dire, forcés de vendre leurs actions et obligations,
avec une perte légère, et qui pourraient fixer la date
exacte de l'avis catégorique que je leur donnais à cette
époque.

Malgré la réserve à laquelle il était tenu, comme
ingénieur de l'Etat, il est probable que l'honorable
M. Rousseau a dû donner le même conseil que moi, à
ceux de ses amis de la région qu'il savait engagés dans
cette malheureuse affaire.

Deux ans après... à la fin de 1888, l'entreprise de
Panama était bien autrement compromise encore qu'au
moment du rapport de M. Rousseau.

Cependant, lorsque l'infortuné M. de Lesseps qui est,
certainement, *le coupable le moins coupable parmi les
coupables*, tenta de sauver son œuvre par une émission
nouvelle, et que, dans tous les départements, j'appris
que les préfets et les maires avaient reçu, DU GOUVER-
NEMENT, l'ordre d'assister, dans ses conférences, celui
qu'on appelait encore le *Grand Français*, il devint clair
comme le jour, non pas pour moi tout seul, mais aussi

pour tous ceux qui savent ce qu'est la politique sous un régime *exclusivement parlementaire*, il devint évident, dis-je, que la caisse de cette malheureuse compagnie serait mise à sac pour les besoins électoraux de la bande opportuno-radicale et que, — le couteau sur la gorge, — MM. de Lesseps seraient forcés de donner jusqu'à leur dernier écu.

C'est là, Monsieur, ce qui se découvre aujourd'hui : et vous n'êtes pas au bout de la découverte, et c'est pourquoi je criais, en pleine réunion publique : « Vivent les honnêtes gens ! A bas les voleurs ! »

A l'heure actuelle, je reçois fréquemment de Bretagne des lettres qui se résument ainsi : « Monsieur, j'ai été votre adversaire jusqu'à ce jour... désormais, comptez sur moi »... Merci à ceux qui m'écrivent ainsi et merci à ceux qui se souviennent de moi comme votre correspondant de Pont-Croix.

Votre correspondant regrette que je ne sois pas à la Chambre. — Il est certain que dans cette affaire, j'y aurais toujours voté *blanc* quand M. Cosmao votait *noir* ; et, notamment, dans la circonstance suivante :

M. de Ramel a demandé l'urgence pour une proposition de loi tendant à autoriser les malheureux porteurs de titres du Panama à se syndiquer et à poursuivre les administrateurs et leurs complices, *députés ou autres*, qui ont détourné les fonds de cette entreprise : ces porteurs auraient de plein droit l'assistance judiciaire.

L'urgence sur cette proposition de loi a été adoptée par 432 voix contre 89.

Ont voté pour : Mgr d'Hulst, MM. Boucher, de Gasté, Gourvil, Jaouen, de Kerjégu, de Kermenguy et Le Borgne.

Ont seuls voté *contre* : MM. Cosmao-Duménez et Hémon.

J'aurais voté *pour*.

Agréez, Monsieur le Directeur, l'assurance de mes sentiments distingués.

G. DERRIEN.

(Extrait du *Finistère*, du 31 décembre 1892).

Paris, le 29 Décembre 1892.

Monsieur le Rédacteur en chef du journal LE FINISTÈRE,
Quimper.

Je vous serais reconnaissant si vous vouliez bien m'accorder l hospitalité pour quelques lignes dans votre estimable journal.

Un de mes amis m'a communiqué, hier, un numéro du *Courrier de Cornouaille*, daté du 24 décembre, où on lit, sous la signature de M. Derrien, que la caisse du Panama avait été mise à sec « pour les besoins électo-» raux de la bande opportuno-radicale. »

M. Derrien déclare aussi que dans cette affaire il aurait toujours voté blanc quand je votais noir, et notamment dans la proposition de Ramel tendant à autoriser les « porteurs de titres de Panama à se syndi-quer et à poursuivre les administrateurs et leurs com-plices, députés ou sénateurs, qui ont détourné les fonds de cette entreprise : ces porteurs auraient de plein droit l'assistance judiciaire. »

M. Derrien, en parlant de besoins électoraux, a bien soin de ne désigner personne. Digne émule de M. De-lahaye, il insinue, se disant : « il en restera bien toujours quelque chose. »

Qu'on lui demande donc les noms, à lui aussi, « de la bande opportuno-radicale » qui aurait bénéficié de Panama, dans notre département. Allons, M. Derrien, un peu de courage ! les noms ? les noms ??

Que M. Derrien eût voté blanc quand j'ai voté noir dans cette affaire, il m'importe peu. Ne lui devant aucun compte, je ne lui en rends aucun. J'ai, comme toujours, voté en mon âme et conscience, et je ne redoute pas, l'heure venue, le jugement de mes électeurs, les seuls maîtres que je reconnaisse.

Cependant, en ce qui concerne la proposition de loi

de M. de Ramel, je veux bien m'y arrêter aujourd'hui, puisque sur ce point M. Derrien précise.— Elle constitue une loi d'exception. Ces lois on doit autant que possible les repousser, car elles sont généralement inutiles et souvent dangereuses. — Ceux des porteurs d'actions et d'obligations du Panama qui sont réellement pauvres n'en avaient pas besoin ; ils ont l'assistance judiciaire à leur disposition.

Pourquoi se syndiqueraient-ils ? Pour tomber, comme le disait M. Montaut à la séance du 8 décembre, « dans les mains d'hommes d'affaires qui leur prendront leurs dernières ressources. » On veut les « grouper pour qu'ils soient exploités de nouveau par les hommes d'affaires. »

Et ces syndicats ne comprendraient-ils pas aussi des gens très riches, ou encore les acheteurs de troisième ou quatrième main, les spéculateurs, qui bénéficieraient ainsi d'une justice gratuite et de remises de droits d'enregistrement au préjudice du Trésor public, c'est-à-dire des contribuables, quand les pauvres, dans les procès ordinaires, ont souvent tant de peine à obtenir l'assistance !

En votant contre la proposition de Ramel, je prétends donc avoir pris l'intérêt des porteurs de titres et celui des contribuables. Quand on discutera le fond même de la loi, je voterai probablement dans le même sens ; il est possible qu'à ce moment mes collègues du Finistère, qui, à une exception près, ont voté dans un sens différent du mien, se rallient à ma manière de voir, que partagent d'ailleurs 89 membres de la Chambre. Il ne s'agissait à la séance du 8 décembre que d'une prise en considération et de la déclaration d'urgence d'une proposition de loi dont on se réservait de voter ou de repousser plus tard les dispositions. M. Derrien ne l'ignore pas.

Mais, les noms, les noms ! !

Veuillez agréer, Monsieur le rédacteur en chef, l'expression de mes sentiments de considération très distinguée.

COSMAO-DUMÉNEZ.

Brest, Imp. A. Dumont, rue Kléber, 11

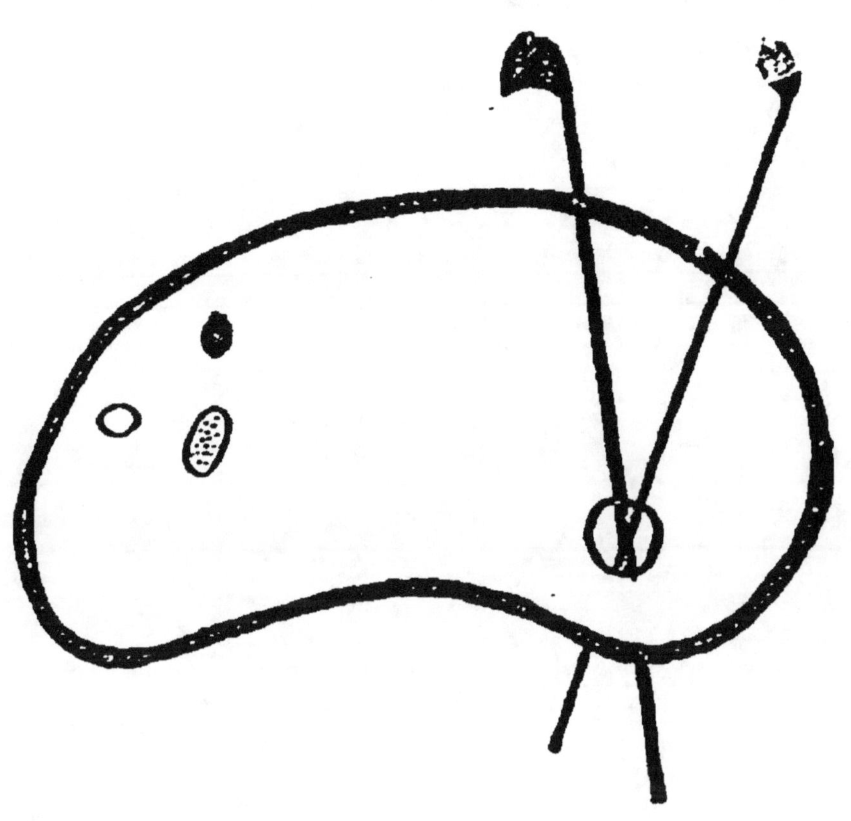